D1694449

Phil Bosmans

Fest der Freude

Fotografien von
Klaus Ender

Herder Freiburg · Basel · Wien

Pack diesen Tag an
mit deinen beiden Händen.
Nimm gern entgegen, was er dir gibt:
das Licht dieses Tages,
die Luft und das Leben,
das Lachen dieses Tages,
das Weinen dieses Tages,
das Wunder dieses Tages.
Nimm diesen Tag entgegen!

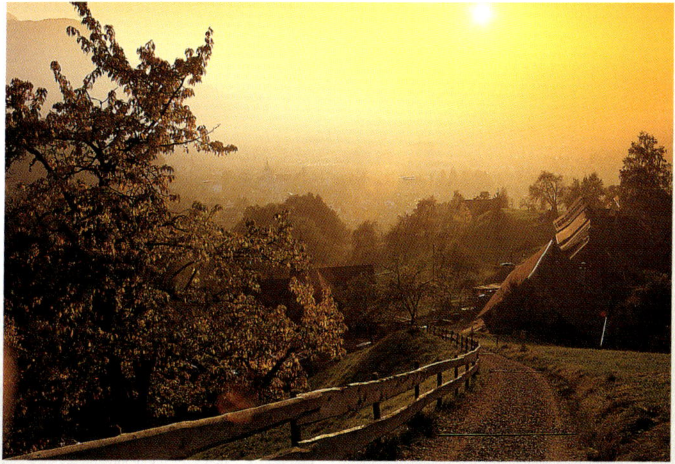

Die Fenster unseres Herzens:
Machen wir sie auf für das Licht,
für die Sonne am Tag
und die Sterne in der Nacht.
Kommt Licht in unsere Augen,
dann kommt auch Licht in unser Herz.

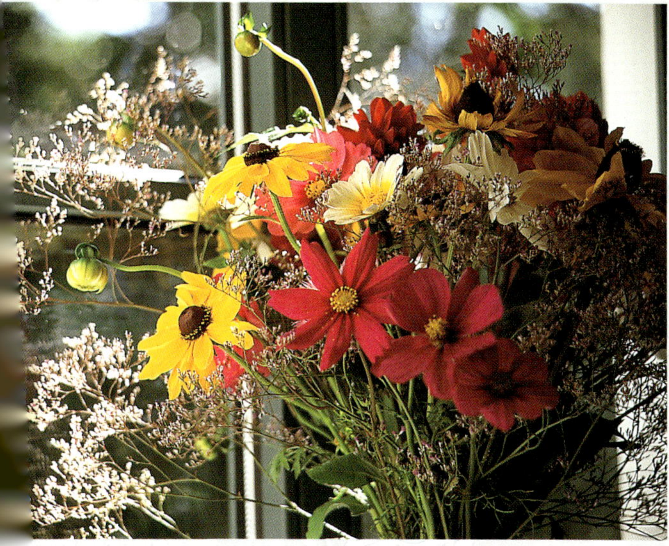

Gott ist meine Oase.
Er ruft mich aus der Wüste heraus
und spricht zu mir über seine Liebe
in jeder Blume, die für mich blüht,
in jedem Baum, der Früchte trägt,
in jedem Vogel, der für mich singt.

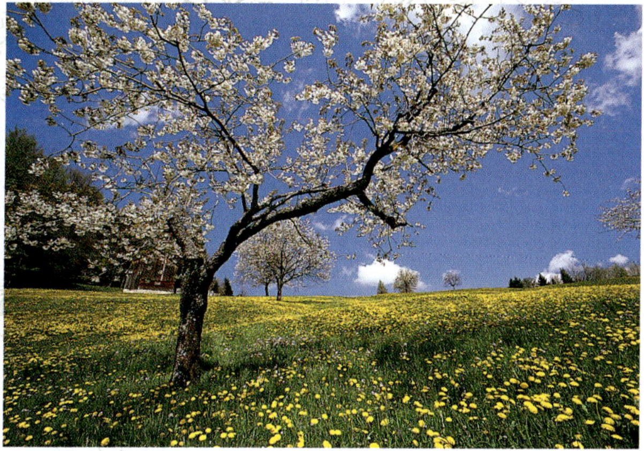

Blumen können nicht blühen
ohne die Wärme der Sonne.
Menschen können nicht Mensch werden
ohne die Wärme der Freundschaft.

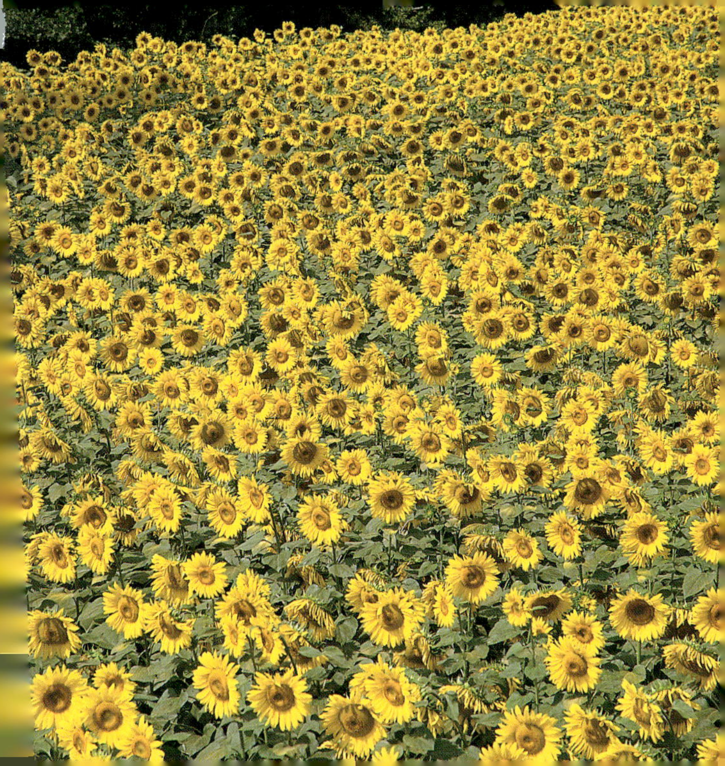

Blumen haben keine Hände.
Sie wachsen, sie blühen.
Sie geben, was sie sind:
Schönheit und Freude.
Sie greifen nach nichts,
sie nehmen sich nichts,
ausgenommen die Sonne,
und die scheint für alle.

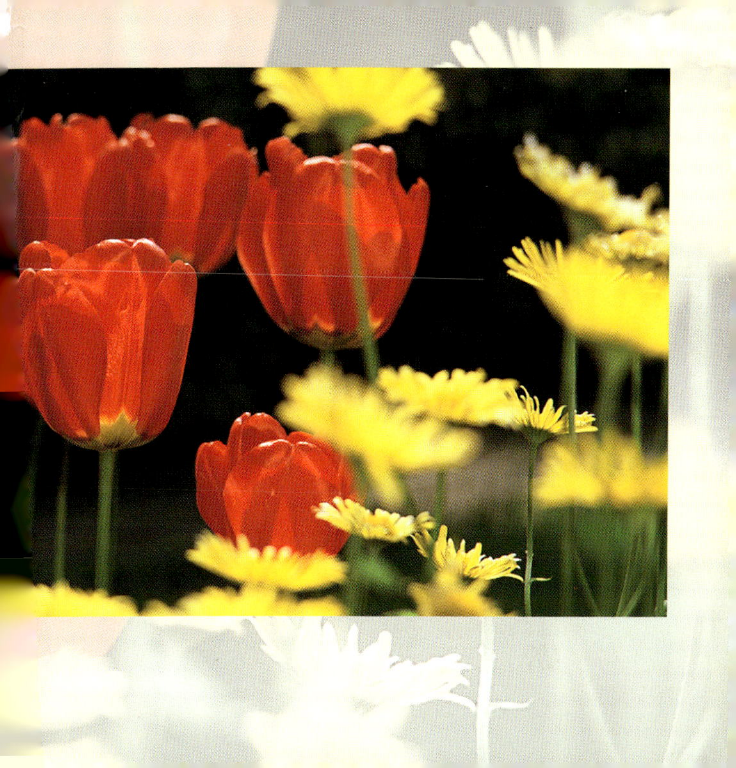

Liebe Natur,
bleib uns Menschen nahe!
Du bist das Haus,
in dem wir wohnen.
Du bist die Lunge, mit der wir atmen.
Du bist das Brot, von dem wir leben.
Du bist das Paradies, wo wir
zusammen mit den Blumen und Vögeln
über das Leben jauchzen.

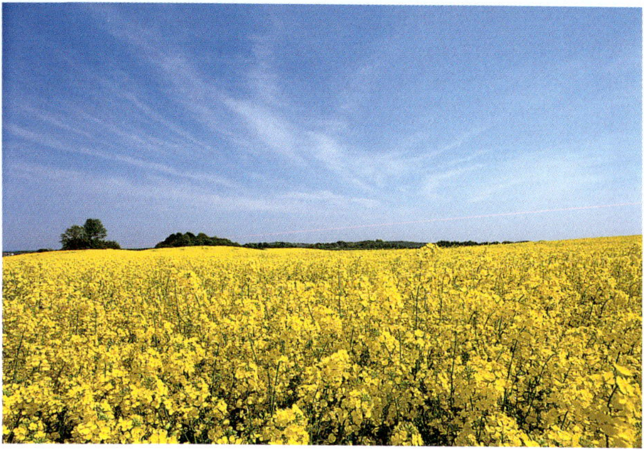

Wenn ein Fisch in seiner Welt
auf Entdeckungsreise geht, ist das letzte,
was er entdeckt, das Wasser.
So ist es auch mit dem Menschen.
Die wesentlichsten Dinge seines Daseins
macht er sich am wenigsten bewusst.
Wie wichtig frische Luft für ihn ist,
weiß er erst, wenn er zu ersticken droht,
und wie schön es ist, atmen zu können,
weiß er erst, wenn er stirbt.

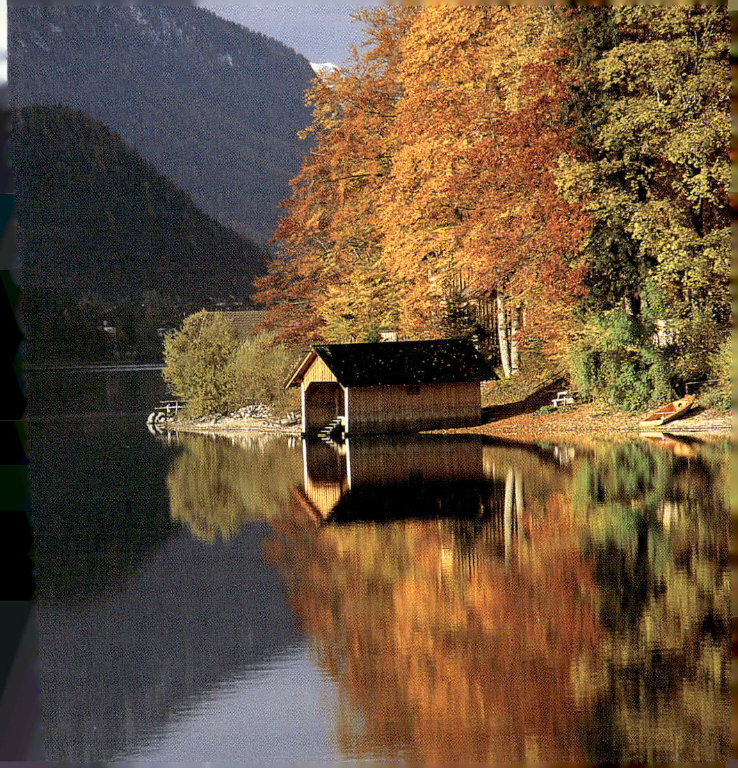

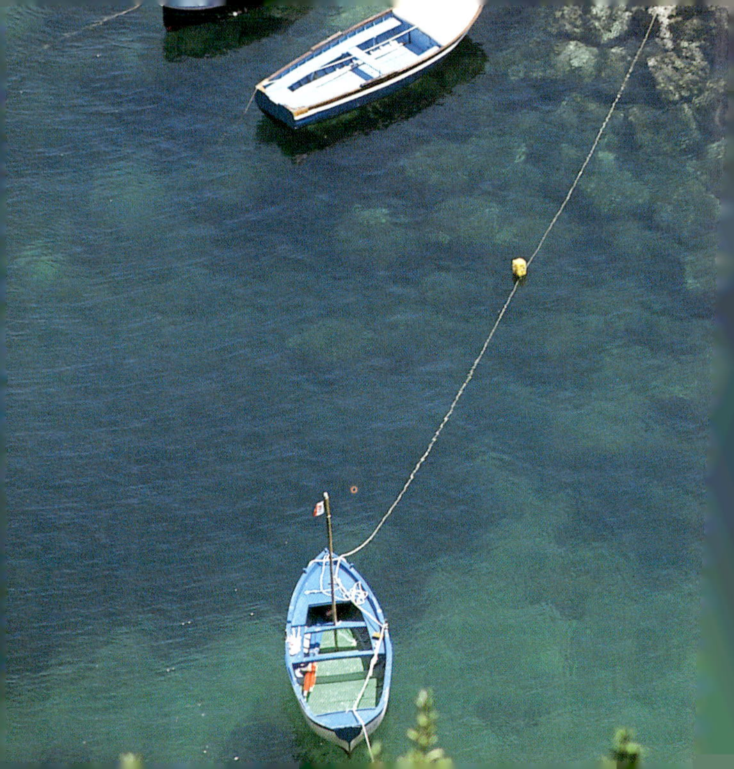

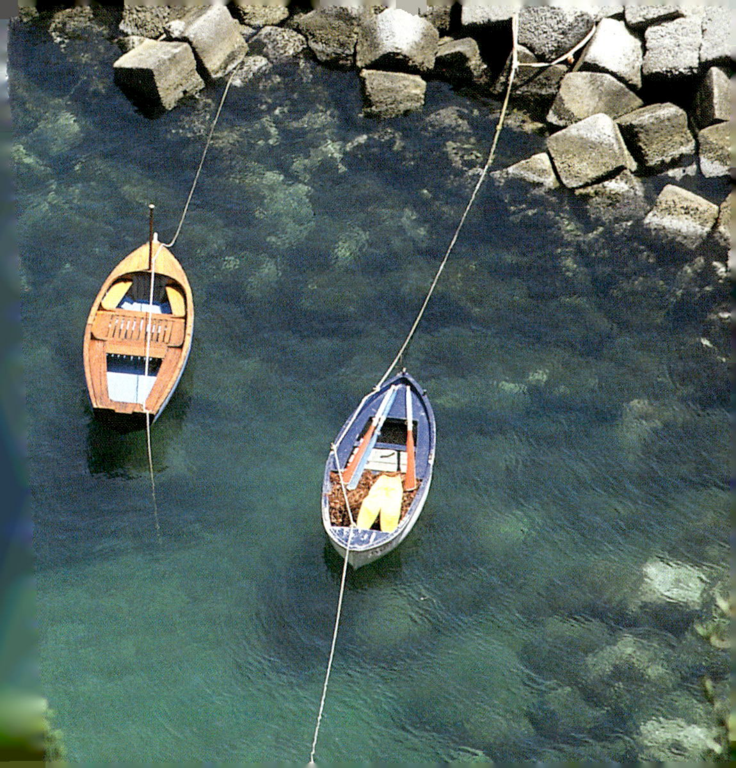

In dir liegt das Glück.
Das Glück nimmt seinen Anfang
im Grunde deines Herzens.
Und du gibst es weiter:
wenn du freundlich bleibst,
wo andere unfreundlich sind;
wenn du hilfst,
wo keiner mehr hilft;
wenn du zufrieden bist,
wo andere Forderungen stellen;
wenn du lachen kannst,
wo nur geklagt und gejammert wird;
wenn du vergeben kannst,
wo Menschen dir Böses taten.

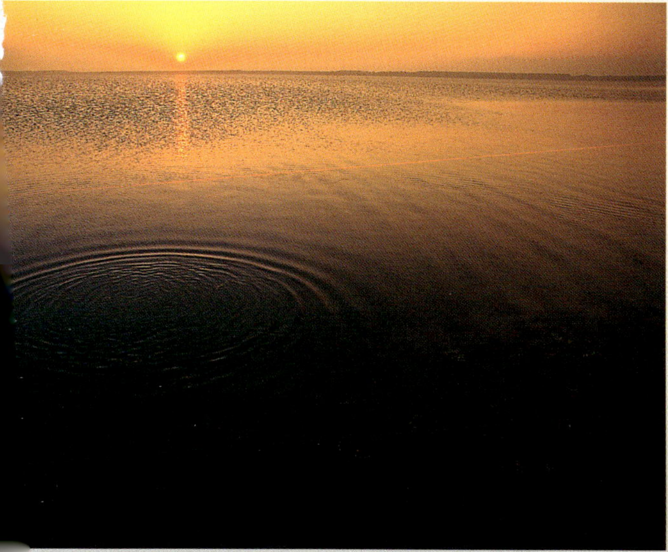

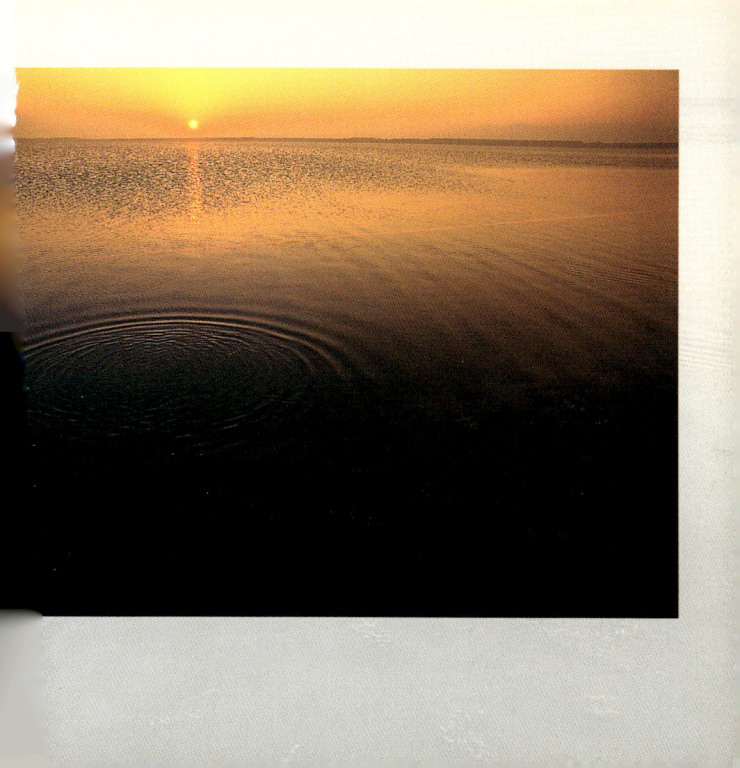

Glücklich ist der Mensch,
der dem Glück nicht hinterherrennt
wie einem Falter,
sondern dankbar ist für alles,
was ihm gegeben wird.

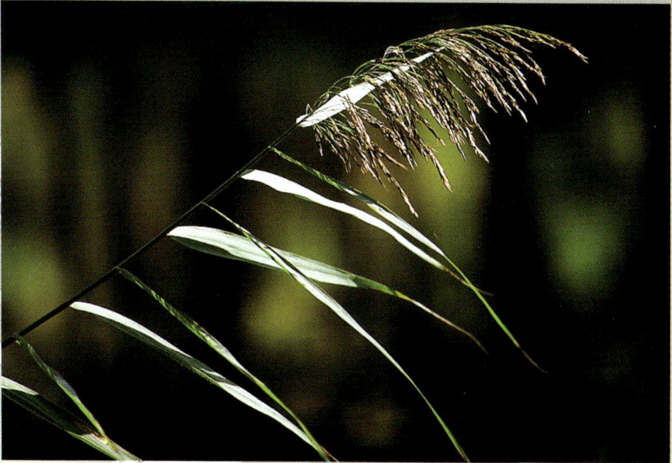

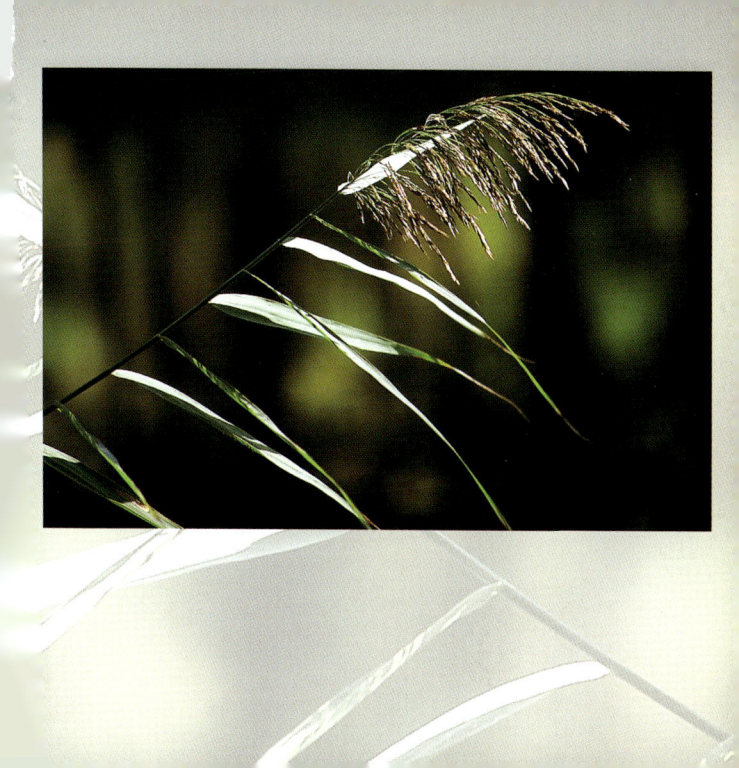

Mensch!
Du bist geschaffen nach dem Bild
eines Gottes, der Liebe ist,
der das Glück der Menschen will.
Geschaffen mit Händen, um zu geben,
mit einem Herzen, um zu lieben,
und mit zwei Armen,
die gerade so lang sind,
um einen anderen zu umarmen.

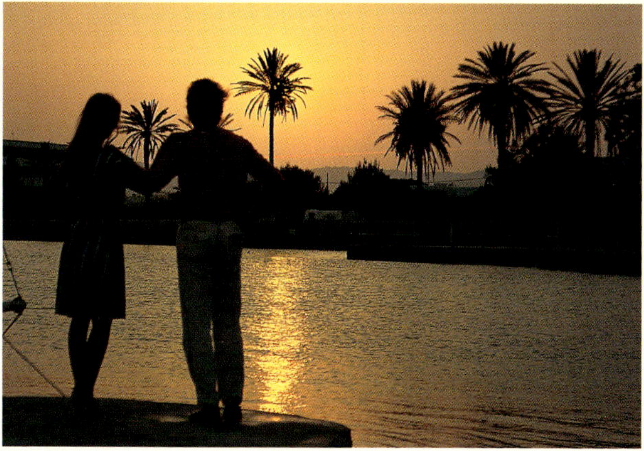

Wer Menschen froh machen will,
muss Freude in sich haben.
Wer Wärme in die Welt bringen will,
muss Feuer in sich tragen.
Wer Menschen helfen will,
muss von Liebe erfüllt sein.
Wer Frieden auf Erden schaffen will,
muss Frieden im Herzen gefunden haben.

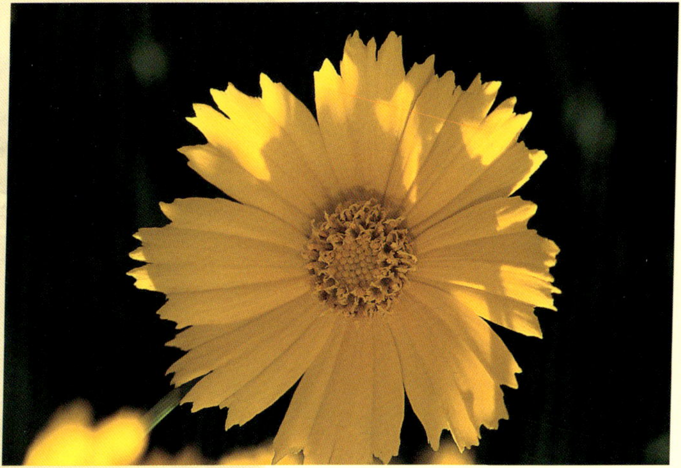

Ein Freund in deinem Leben
ist der beste Trost in aller Not.
Ein Freund ist wahre menschliche Güte,
in der du ein Zeichen
der göttlichen Güte spürst.

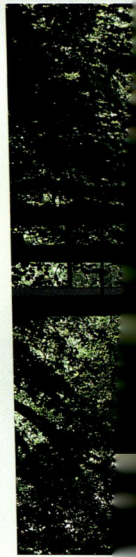

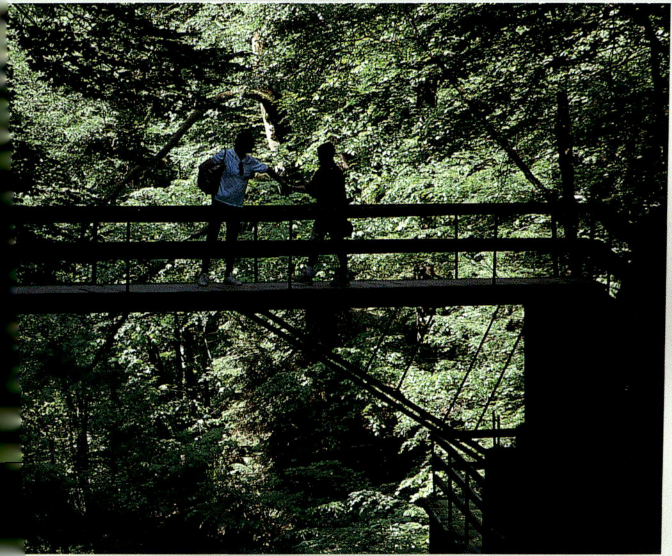

Die Oase des Menschen
liegt in der Liebe,
Liebe ist der Ursprung aller Oasen.
Wenn du in der Wüste des Lebens
irgendwo Liebe findest, wahre Liebe,
dann geh mit der Liebe mit.
Und du wirst zum Quell aller Liebe kommen,
zu Gott, der großen Oase
für alle Zeit und Ewigkeit.

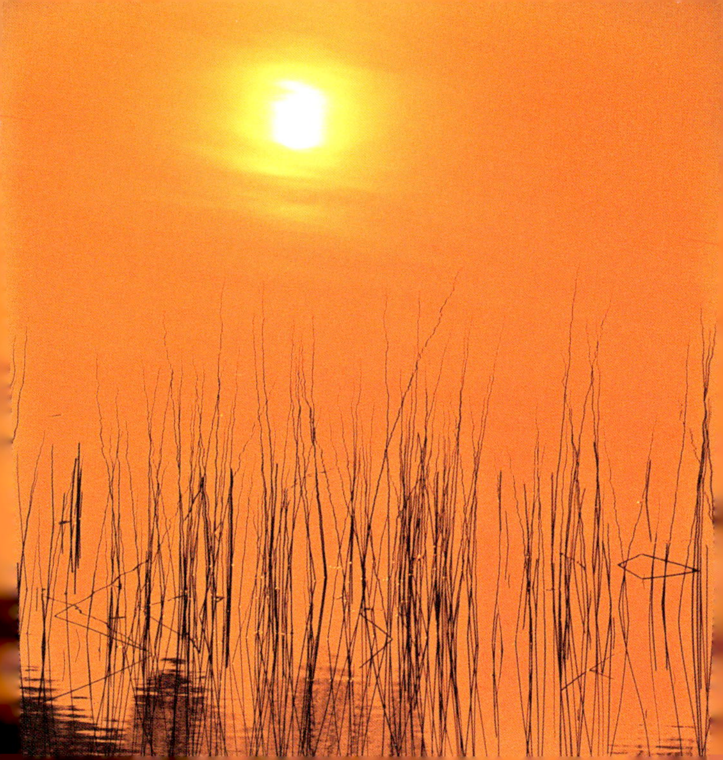

Trost ist wie eine Salbe auf eine tiefe Wunde.
Trost ist wie eine Oase in einer großen Wüste.
Trost ist wie eine sanfte Hand auf deinem Kopf.
Trost ist wie ein gütiges Gesicht in deiner Nähe,
die Gegenwart von einem,
der deine Tränen versteht,
der deinem gepeinigten Herzen zuhört,
der in deiner Angst und Not bei dir bleibt
und der dich ein paar Sterne sehen lässt.

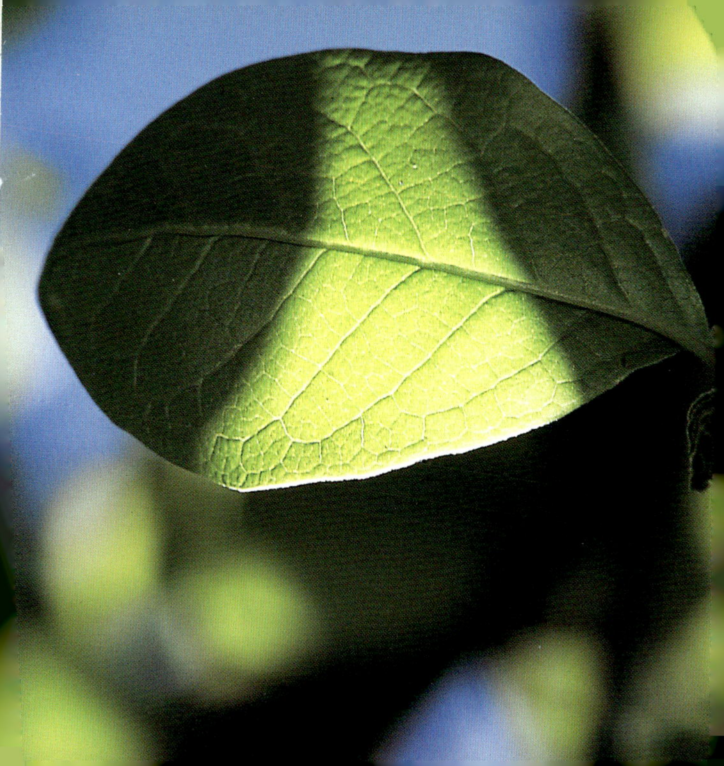

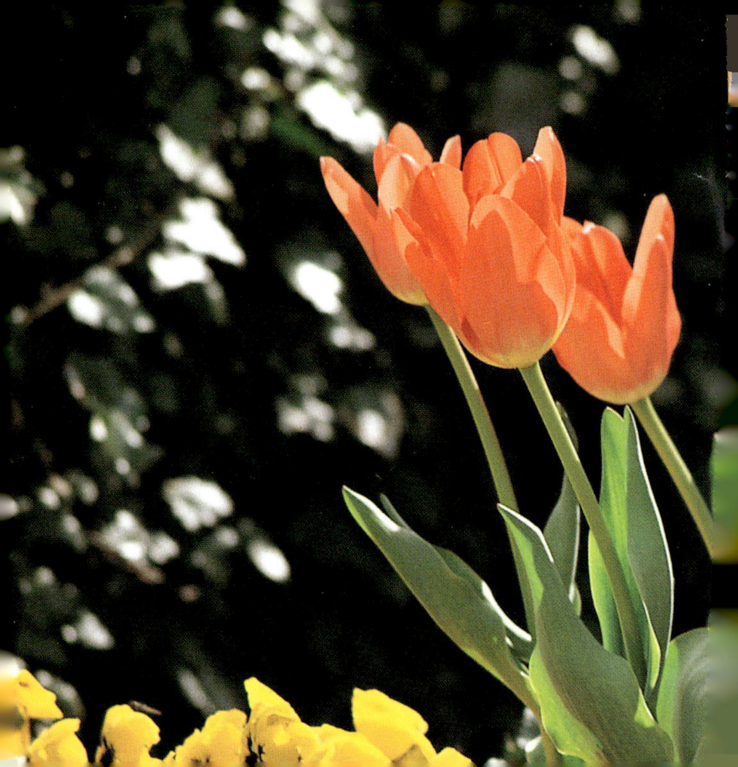

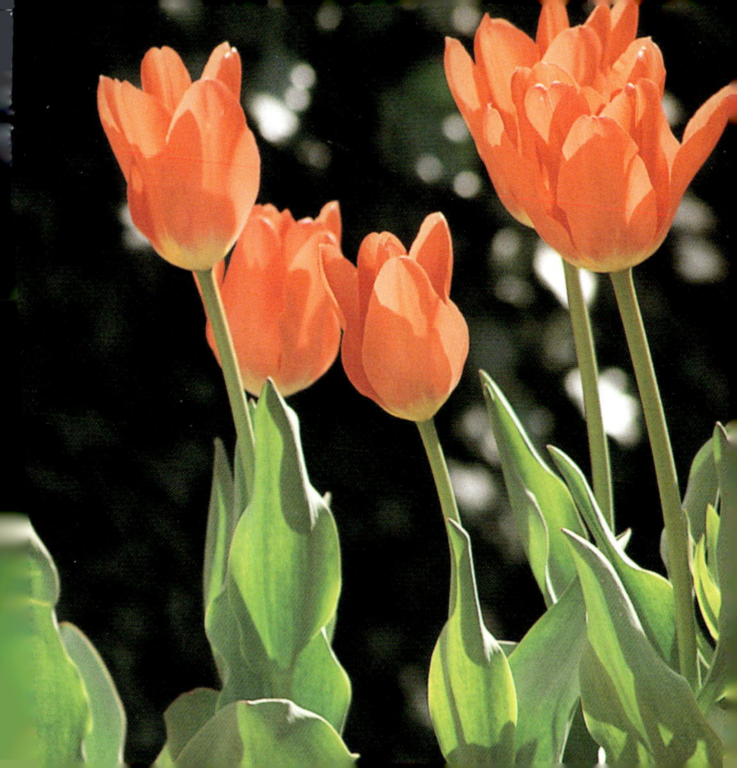

Du magst zwar allein sein,
aber du darfst nicht einsam sein.
Die Einsamkeit darf keine tödliche Wunde
in deinem Herzen sein.
Du musst selbst etwas tun.
Du musst selber, mit deiner eigenen Liebe,
Brücken zu anderen Menschen bauen.
Brücken der Liebe brauchen viel Geduld.
Aber sie sind der Mühe wert.
Auf ihnen liegt dein Glück.

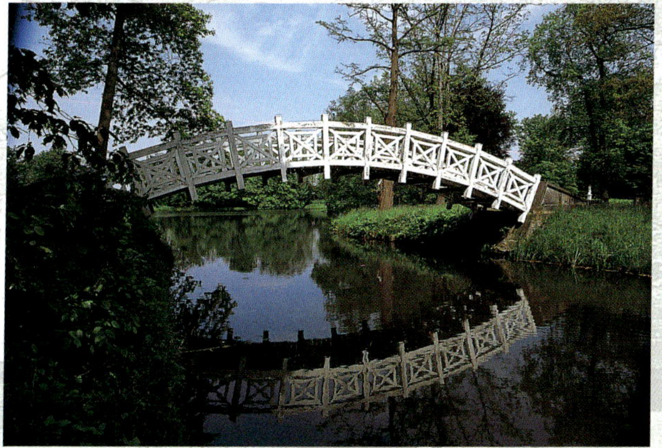

*Einander Hoffnung geben heißt:
einander Mut machen, einander Leben geben.
Wir können die Wüste nicht auf einmal verändern,
aber wir können anfangen mit einer kleinen Oase.
Wo eine Blume wieder blühen kann,
werden eines Tages tausend Blumen stehen.*

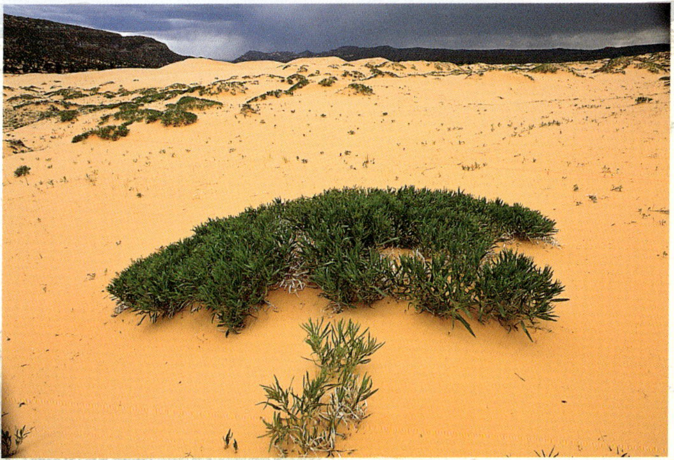

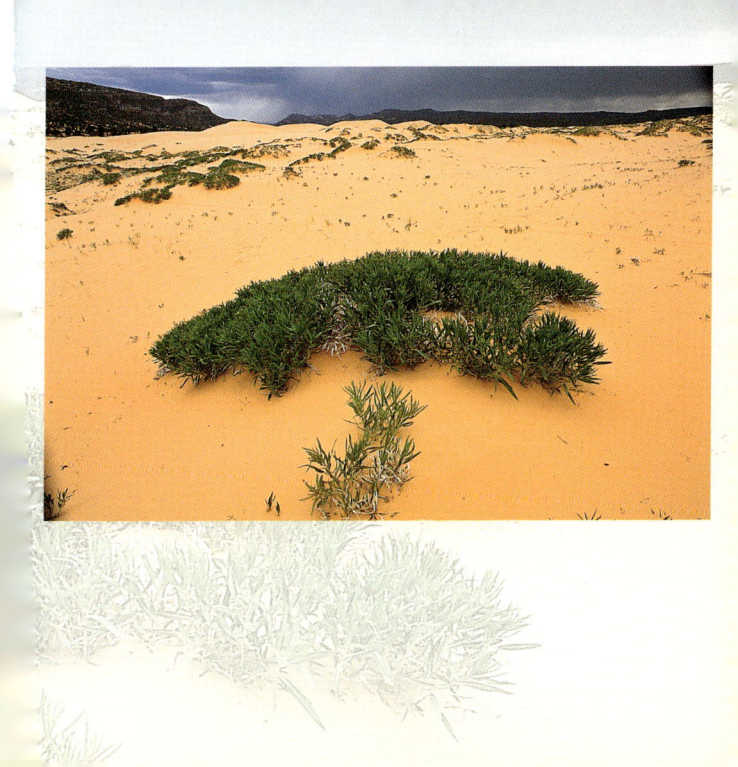

Ich glaube an das Gute,
auch wenn so viele Menschen
vom Bösen heimgesucht werden.
Ich glaube an das Schöne,
auch wenn das Hässliche in der Welt wuchert
und der Dreck tief in den Menschen dringt.
Ich glaube an die Liebe,
auch wenn so viel Feindschaft herrscht
und so viel Hass geschürt wird.

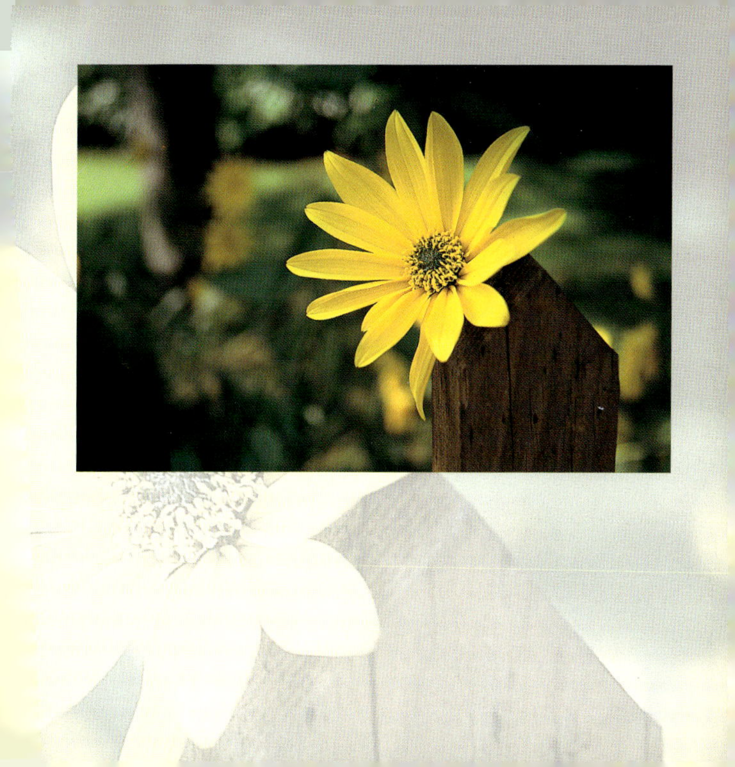

Altwerden ist keine Katastrophe.
Alter muss kein Unglück sein.
Lerne alt werden mit einem jungen Herzen.
Das ist die ganze Kunst.

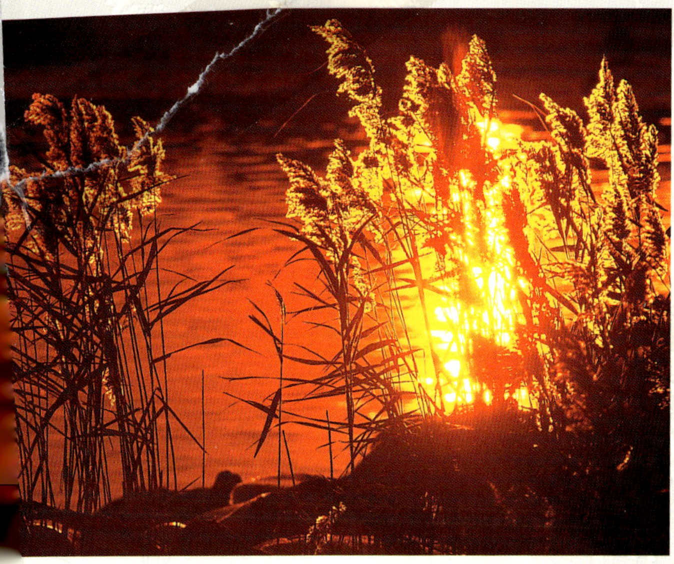

Man möchte einen schönen Tag,
eine glückliche Stunde festhalten,
aber man verliert, man muss abgeben,
jeden Abend den Tag loslassen.
Nur wer lernt loszulassen statt festzuhalten,
der kann frei leben,
glücklich und entspannt, ohne Angst.

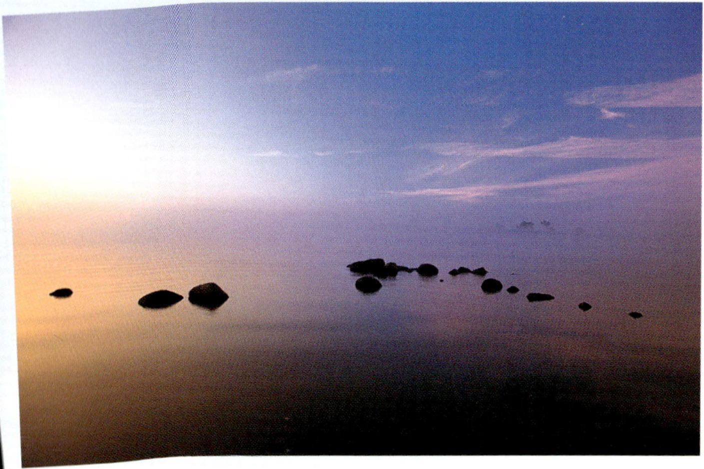

Alle Rechte vorbehalten – Printed in Italy
© Verlag Herder Freiburg im Breisgau 2001
Gesamtgestaltung: Nicolas Weiß, Freiburg
Reproduktionen: RETE GmbH, Freiburg
Herstellung: L.E.G.O. Olivotto S.p.A., Vicenza 2001
ISBN 3-451-27656-9

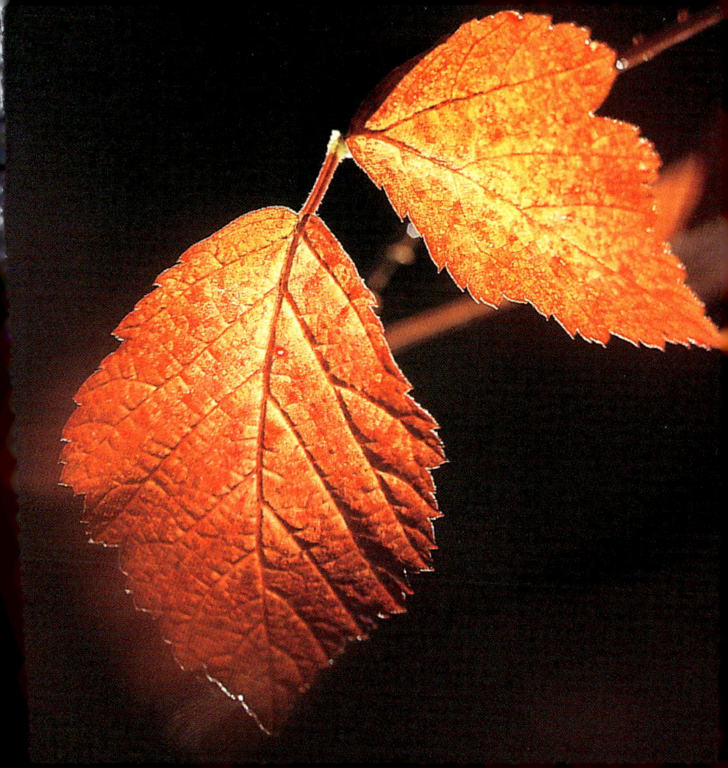

Liebe:

wenn du ein Herz für andere hast;

wenn dir das Leid anderer weh tut;

wenn du die Not anderer bekämpfst;

wenn du Menschen liebst, so wie sie sind;

wenn du mehr gibst, als du besitzt;

wenn du dich selbst gibst.

Liebe ist wie die Sonne.
Sie bringt Licht und Farbe.
Alles blüht und gedeiht.
Geht die Sonne unter,
werden die Schatten größer.
Ohne Sonne ist es finster und kalt.
Wem die Liebe fehlt,
dem fehlt alles.